BEI GRIN MACHT SICH IHR WISSEN BEZAHLT

AF138471

- Wir veröffentlichen Ihre Hausarbeit, Bachelor- und Masterarbeit

- Ihr eigenes eBook und Buch - weltweit in allen wichtigen Shops

- Verdienen Sie an jedem Verkauf

Jetzt bei www.GRIN.com hochladen und kostenlos publizieren

Krankheitsbild der Schizophrenie. Die Rolle von Kausalmodellen bei der Entstehung von Emotionen

Eloy Veit

Bibliografische Information der Deutschen Nationalbibliothek:

Die Deutsche Nationalbibliothek verzeichnet diese Publikation in der Deutschen Nationalbibliografie; detaillierte bibliografische Daten sind im Internet über http://dnb.d-nb.de abrufbar.

ISBN: 9783346764577
Dieses Buch ist auch als E-Book erhältlich.

Krankheitsbild der Schizophrenie

Erläuterung und Klassifikation des Krankheitsbildes der Schizophrenie, der schizotypen und wahnhafter Störung im ICD-10-Modell. Beschreibung der Rolle von Kausalmodellen bei der Entstehung von Emotionen. Rolle der (EI) bei der Zusammenstellung von Teams und im Teambildungsprozess.

28.2.2020

Modul: Allgemeine Psychologie II
Studiengang: Wirtschaftspsychologie

Eloy Benjamin Veit
Wirtschaftspsychologie B.Sc.

Aufgabe 1 (40 Punkte, 5-6 Seiten)

Beschreibung der Rolle von Kausalmodellen bei der Entstehung von Emotionen. Erörterung der Rolle des Transaktionalen Stressmodells von Lazarus samt den wichtigsten Ansatzpunkten zur allgemeinen Stressreduktion. Holistische Betrachtung der Effektivsten (Coping)- Faktoren.

a) Erforschung der Schizophrenie

Nach Thoma 2019 beträgt die Lebenszeitpräferenz, also die Wahrscheinlichkeit in seinem Leben an Schizophrenie zu erkranken in Deutschland, so wie in den Entwicklungsländern ungefähr zwischen 0,5 bis 1,6 %. Frauen erkranken etwas häufiger (0,1%), Männer idr. etwas früher (25-30). Frauen sind für die Schizophrenie vor allem zu Beginn ihrer Menopause empfänglich, dies wird mit dem Ausbleiben des Östrogens begründet[1], welches einen natürlichen Schutz durch die Wechselwirkungen im Dopaminergen System, dies ist eine Population von Nervenzellen, welche für die Ausschüttung und Rezeption vom Neurotransmittern verantwortlich ist, gewährleistet.[2]

Der erste umfängliche Versuch die Vorstellungen des Krankheitsbildes von anderen Autoren seiner Zeit, den bei Schizophrenie auftretenden Verhaltensweisen eine gemeinsame Beschreibung zu geben, wurde von Emil Kraepelin im Jahre 1896 veranlasst. Kraepelin Definierte diese „Dementia praecox", zu Deutsch (vorzeitige Verblödung) damit gelang es ihm ein breites Feld der Psychischen Störungen zu kategorisieren, welches von den Störungen der Denkprozesse bis über zum geistigen Verfall der Patienten hin reicht.[3] Anders als Kraepelin ging Bleuler nicht von der Schizophrenie als eine Krankheit (Singular) aus, sondern akzentuierte diese im (Plural). Er vertrat also die sich bis heute haltende These, dass es eine Gruppe von Schizophrenien gibt.[4]

Ein Problem der näheren Kategorisierung von Patienten fundierte sich über Jahrzehnte darin, dass das Erscheinungsbild, welches als Schizophrenie diagnostiziert, sehr heterogen in Bezugnahme auf seine Symptome erscheint. Dies bedeutet eine potenzielle

---

[1] Vgl. Thoma zitiert nach Wittchen et al, (2011) Agius et al. (2009)
[2] Lexikon der Neurowissenschaft
[3] Vgl. Bockwyth (2009), S.3 zitiert nach E. Kraepelin (1896)
[4] Vgl. Bleuler (2017), S.2

Fülle, der im Einzelfall repräsentativen Symptome, von welchen jedoch keines bei allen betroffenen unentwegt auftritt.[5] Daraus resultiert die logische Annahme, Schizophrenie, auf kein einzelnes psychopathologisches Merkmal zurückverfolgen zu können.[6]

b) Diverse Symptomatik

Die bei Schizophrenie auftretende Symptomatik, lässt sich, um das Krankheitsbild einer genaueren Kategorisierung zu unterziehen, in vier Bereiche einteilen. Nach Prößl sind diese 1) Positivsymptome 2) Negativsymptome 3) Desorganisation sowie 4) neurokognitive Störungen.[7]

1) Unter Positivsymptome versteht man neben dem eigentlichen Wahn welcher nach Thoma 2019, zusammen mit Ich-Störungen und Halluzinationen, Unteraspekte dieser Positivsymptome repräsentieren eine Summierung durch Hinzukommen der Wahrnehmung von physisch nicht realen Reizquellen. Diese Reizquellen können in verschiedensten Ausprägungen alle Sinnes Modularitäten betreffen, so kommt es dann zb. zum für Schizophrenie berühmtesten Symptom vom Wahrnehmen nicht Realer Stimmen, welche einem dann in schlimmeren Fällen im Imperativ Befehle erteilen. Jedoch beklagen sich Betroffene a prior oft über das Gefühl von innen heraus zu verfaulen, andere Betroffene sind von Felsenfester Überzeugung, ihre Gedanken würden ihrem Umfeld zur freien Verfügung stehen und dieses würde systematisch davon Gebrauch machen um den Patienten fern zu Kontrollieren. Diesen Kontrollverlust versuchen sie dann über Ersatz Kompensation z.B. durch das Tragen von Sonnenbrillen etc. dem Gedankenklau durch Blickvermeidung zu kompensieren.[8]

2) Negativ Symptome stellen entgegen den positiven Symptomen, eine Subtraktion von Sinneswahrnehmung und Empfindungen dar. Dabei geht es also um einen Verlust des normalen Erlebens, jedoch stellt dieses Defizitsyndrom keine ausschlaggebende Evidenz für das Vorhandensein einer Schizophrenie, da es sowohl bei anderen Psychisch wie neurologisch bedingten Krankheiten auftritt. typisch für die Negativsymptomatik ist eine Verflachung von Affekten, also eine

---

[5] Vgl. Casper, I. Pjanic, S. Westermann (2017), S. 64
[6] Vgl. Jansen (2018), S. 100 zitiert nach Watzl , Cohen (1998), S. 819
[7] Vgl. Prölß, Schell ,Koch (2019), S.14-15
[8] Vgl. Thoma (2019), S.17; Prölß et al. (2019) S.14-15

Gefühlsverflachung, das Ausbleiben der Lust (Anhedonie) oder eher gesagt der Fähigkeit sich zu potenziell belohnenden Aktivitäten zu motivieren. Daraus resultieren zunehmender Sprachlicher Verfall, sowie Sozialer Rückzug. Letzteres wird mit dem Verlust von Empathie, also der Fähigkeit sich in andere hineinzuversetzen in Verbindung gebracht. dabei geht man davon aus, dass eine Fehlerhaftes Aktivieren des Ruhemodus im Gehirn durch die Aktivierung Des Default Mode Netzwerkes, die Antriebslosigkeit von Patienten mit Negativsymptomatik erklärt. Das (DNM) auch Ruhenetzwerk genannt beinhaltet mehrere Hirnregionen welche aktiv sind, währenddessen das Gehirn nichts kognitiv verarbeitet so Thoma.[9]

3) Patienten, welche unter die Symptomatik der Desorganisation fallen, weisen nach Prölß vorwiegend Chaotische Charakteristiken auf. Diese machen es den Betroffenen unmöglich, langfristige Gedankengänge zu formulieren. Sowie ihre Ziele zu Kategorieren oder zu priorisieren, auch die Planung und Koordination von Handlungsabläufen ist ihnen nicht möglich. So werden diese, von ihrem Umfeld oft Aufgrund der nicht Einhaltung Sozialer Gepflogenheiten und dem völligen Versagen auf Existenzieller Ebene, nämlich der Bedürfnisbefriedigung in letzter Resolution zwangseingewiesen.[10]

4) In diesen Bereich der Symptomatik, fallen nach Prölß Störungen, die Konzentration, die Aufmerksamkeit sowie das Gedächtnis betreffend. Schwierigkeiten figurieren hier von den größten Banalitäten, wie zb. das schauen einer Netflix Serie, bis hin zum Verlust des Arbeitsplatzes. Da es den Betroffenen nicht mehr gelingt, die Kognitive Leistungsfähigkeiten zu erbringen.[11]

c) Klassifikation nach der (WHO)

Das ICD-10 Ist ein von der World health Organisation (WHO) Umfassendes Klassifikationssystem, welches sowohl Körperliche Erkrankungen wie auch Psychische Störungen, in verschiedene Kapitel einteilt. Dabei beginnen die Kapitel für Psychische Störungen mit hinter jedem Buchstaben steht noch eine Ziffer, welche

---

[9] Vgl. Thoma (2019), S.15 zitiert nach Millan et al. (2014),
[10] vgl. Prölß et al. (2019), S.15
[11] Vgl. Prölß et al. (2019), S.15-16

eine spezifische Gruppe von Diagnosen identifiziert, so (vgl. Caspar, Pjanic & Westermann 2018 S. 21)[12]. Im ICD-10 ist die Schizophrenie als Gruppe von verschiedenen Schizophrenien mit F20.0, bis F20.9 belegt. Hierunter zählen verschiedenen Ausprägungen wie ua. Die Katatone Schizophrenie (F20.2) oder die Schizophrenia Simplex. Schizotypische Persönlichkeitsstörungen (STP) sind mit F21 gekennzeichnet, gefolgt von der anhaltenden Wahnhaften Störung mit F22.

d) Schizotype Störung

Das Deutsche Institut für Medizinische Dokumentation und Information (DMDI) definiert die unter der Who Geführte Gruppe Schizotype Störung s.o. mit F21. Hierunter versteht man exzentrisches Benehmen, was eine übertriebene oder vom üblichen Abweichenden Tendenz, dessen, was wir unter normalem Benehmen verstehen, meint. Dieses lässt das Verhalten des Betroffenen Schizophren, also gespalten wirken[13].

Grözinger und Röschke fügen ergänzend hinzu, dass es sich bei der Schizotype Störung um eine Art der Schizophrenie handelt, welche sich jedoch des Umfanges der Betroffenheit hinsichtlich der Quanti und Qualität der Betroffenheit der Symptome, von denen einer Schizophrenie deutlich differenziert. Ferner heben sie die Erblichen Genetischen Komponente in diesem Zusammenhang hervor. Um die Kriterien für eine Schizotype Störung zu erfüllen, darf prämorbid in keine früheren Kriterien für eine Schizophrenie erfüllt worden sein[14].

e) Wahnhafte Störungen

Die Wahnhafte Störungen werden im ICD-10 unter F.22 gelistet, in Bezugnahme auf eine anhaltendes Subjektives Wahnerleben spricht man von einer anhaltenden wahnhaften Störung (F22), welche sich durch das langdauernde Anhalten von einem Wahn kennzeichnet (F22.0)[15]. Ein Wahn wiederum, setzt sich aus verschiedenen Wahninhalten zusammen. Thome versteht darunter eine objektiv unzutreffende Überzeugung, welche

---

[12] Vgl. Caspar, Pjanic, Westermann (2018), S. 21

[13] Vgl. DMDI (2019)
[14] Vgl. Grözinger, Röschke (2018), S.15
[15] Vgl. DMDI (2019),

im Normalfall nicht von anderen Personen geteilt wird, der betroffene hält im Regelfall, trotz aller Gegenbeweise hartnäckig an seiner Überzeugung fest.

Der Wahn als ein Hauptsymptom der Schizophrenie, kann sich nach Thoma auf verschiedene Weisen äußern, so erleben Betroffene ihre Privatwirklichkeit mitunter als angsteinflößend. Andere wiederum sind von einem Wahn betroffen, welcher an Selbstverliebtem Egoismus grenzt, das Gefühl sehr großartig zu sein oder aber etwas Besonderes geleistet zu haben, ohne dabei der Realität zu entsprechen[16].

Um von einem Wahn zu reden, muss nach Grözinger, Röschke sich der Wahninhalt über mindestens drei Monate aufrechterhalten, ferner bezieht sich der Wahn auf den Patienten direkt und stellt keine Äußerung von subkulturellen Einflüssen dar. Dieser muss sich also aus dem Betroffenen heraus entwickeln ohne ihm von anderen zb. implementiert zu werden. Der Wahn an sich nimmt nur einen Begrenzten Platz in der Psyche des Betroffenen ein, hierbei spricht man von einem Wahnsystem. Der Affekt, also das Emotionale erleben und handeln entspricht dem Wahn idr[17].

f) Berufswahl Schizophrener Menschen

Können Menschen mit Schizophrenie einer Normalen Arbeit auf dem ersten Arbeitsmarkt nachgehen? Hofmann bejaht dieses, da sich sofern kein akuter Krankheitsschub, welcher mit ausgeprägten Wahnvorstellungen einhergeht, nichts dagegenspricht. Menschen mit Schizophrenie können sogar von der anfallenden Arbeit der Sozialen Entgrenzung entgegenwirken, während akuten Phasen kann sich dann jedoch die Summe der Vorteile, welche durch einen festen Arbeitsplatz einhergehen, sehr schnell in einen evidenten Nachteil Verwandeln, wobei die Vorteile jedoch überwiegen.[18]

Um genau diesen Symptomen entgegenzuwirken ist es im Bundesdeutschen Raum zur Normalität geworden, Menschen mit Psychischen Störungen auch Schizophrenie betroffene, in Behinderten Werkstätten auf dem so genannten zweiten Arbeitsmarkt unter zu bringen. Da sich Menschen mit schweren Psychischen Erkrankungen, nur schwer auf der Konkurrenz betonten ersten Arbeitsmarkt integrieren so Steadman.[19] Für die Diakonie Westfalen ist ein essenzieller Vorteil, welcher die Arbeit in Behindertenwerkstätten für

---

[16] Vgl. Thoma (2019), S.17
[17] Vgl.Grözinger, Röschke (2019), S.15
[18] Vgl. Hofmann (2018), Navigator-Medizin S.1.
[19] Vgl. Steadman K. (2015), S.1 Vorwort

schwer psychisch erkrankte Menschen mit sich bringt, überhaupt einen Arbeitsplatz zu bekommen. Die Vermittlung in den ersten Arbeitsmarkt sei schwierig, da auf die Betroffenen nur während ihren Schüben verlass ist. Ein anderer Vorteil, welcher mit der sekundären Beschäftigung einhergeht, ist natürlich die Entlastung durch den Entfall des Drucks, welcher in regulären Firmen entsteht. Andere Vorteile sind vermehrte Pausenzeiten, welche die Arbeiter schonen sollen und das Wichtigste, man verliert bei einer Auszeit nicht seinen Arbeitsplatz[20]. Fraglich ist es, inwieweit man bei der Arbeitsplatzsuche für Psychisch erkrankte, auf dem Primärarbeitsmarkt von einer Diskriminierung ausgehen kann, da einige Forscher dies als erbracht ansehen, so kamen Corrigan, Powell& Rüschzum Ergebnis, dass jenes in der Öffentlichkeit Verbreitete Stigma, defizitäre Auswirkungen auf den Selbstwert. Ferner sich diese auf den generellen Ausfall der Lebensarbeit entfalten, dies konnte in einer Studie mit 85 Menschen nachgewiesen werden[21].

Die Jährlichen Kosten pro Patienten für Psychische Betreuung durch einen niedergelassenen Psychiater liegen nach Gaebel und Wölwer bei 2.959 Euro, wobei die Kosten für eine Berufliche Rehabilitation bei 40.901 Euro dotiert sind. Insgesamt ergibt die Summierung der Haupt Kostenfaktoren, unter welche ua. Der stationäre Aufenthalt, die Langzeitpflege und betreutes Wohnen fallen auf ungefähr Ca. 14.000 bis 18.000 Euro Jährlich geschätzt[22]. Steadman verweist hier auf das System zur Förderung der Zweck bestimmten beruflichen Rehabilitation, dieses wird von Versicherungen finanziert und durch das Sozialgesetzbuch (SGB) gestützt und sollte mehr Anerkennung in den Bereichen Beschäftigungsförderung finden. Denn Menschen welche sowohl das Potenzial wie auch die Motivation zum Arbeiten aufbringen können, finden meist keinen Zugang. Steadman erörtert hieraus eine klare Liste an Forderungen, welche Voraussetzungen Überhaupt geschaffen werden müssten, um eine Integration in den ersten Arbeitsmarkt zu veranlassen. Die sich daraus ergebende Hauptforderung deutet gen mehr Alternativen, bisher stellen Behindertenwerkstätten die einzige sinnvolle Arbeitsoption für Schizophrenie betroffene dar. Einen verbesserten Zugang betreffend die Ausbildungsmaßnahmen, sowie Die Schärfung der Erkenntnisse, welche Unterstützungsmethoden überhaupt Sinn ergeben, um Menschen mit Schizophrenie zu

---

[20] Vgl. Diakonie Westfalen
[21] Vgl. Corrigan, Powell, Rüsch, (2012)
[22] Vgl. Gaebel und Wölwer (2010), S.28 zitiert nach Graf von Schulenburg JM, Über A, Höffler J et al. (1998)

unterstützen. Das Generelle Vorantreiben der Wiedergesundungsmaßnahme für Schizophrenie betroffene und zuletzt die Unterstützung der Arbeitgeber in ihrer Rolle, dies meint sowohl das Bewusstsein der Arbeitgeber für diese Problematik zu schärfen wie auch Staatliche Subventionen auf den Weg zu bringen, um zu entlasten. Eine generelle um Polarisierung von der Betrachtung der Schwächen, hin zu der Fokussierung der Stärkungen wäre hilfreich. Auch wenn das Bewusstsein auf dem Arbeitsmarkt schon auf dem Weg ist, ist es zu Raten die Entwicklungen hier genauestens zu beobachten, da nach Steadman ansonsten „Beschäftigungsgheddos" entstehen könnten, welche man dann mit Schizophrenen und anderen psychisch Kranken befüllt[23].

Aufgabe 2 (20 Punkte, 3-4 Seiten)

Beschreibung der Rolle von Kausalmodellen bei der Entstehung von Emotionen. Erörterung der Rolle des Transaktionalen Stressmodells von Lazarus samt den wichtigsten Ansatzpunkten zur allgemeinen Stressreduktion. Holistische Betrachtung der Effektivsten (Coping)- Faktoren.

a) Kausal-biologische Neurophysiologische und kognitive Theorien

Ein Zitat von Helfrich „Über die Entstehung von Emotionen gibt es eine Vielzahl von Theorien. Diese lassen sich grob in biologische und kognitive Theorien unterteilen.[24]" Die „Emotionstheorien suchen nach den Entstehungsbedingungen und Prozessen, die eine Emotion verursachen[25]" so Müsseler und Rieger. Insgesamt kann man von drei Emotionstheorien aus. (1884) James-Lange-Theorie, wonach zwei Reize in einer Spezifischen Körperlichen Erfahrung resultieren, welche man dann Emotion nennt.
Die Cannon-Bard-Theorie (1927) besagt, dass Ereignisse simultane (gleichzeitige) Reaktionen in Gang setzen. Bei der Theorie der kognitiven Bewertung, resultiert die Emotion aus der Interaktion von Erregungsniveau und Art der Einschätzung, hier spielen Kognitionen eine wichtige Rolle. [26]

Die James-Lange-Theorie auch als (peripheriebetonende Theorie) bekannt, gehört zu den Physiobiologischen Emotionstheorien und wurde (1884) von William James, sowie

---

[23] Vgl. Steadman (2015), S.10-12
[24] Helfrich (2019), S. 85
[25] Müsseler, Rieger (2018), S.343
[26] Vgl. Assen (2016), S.41

(1885) vom Dänen Carl Lange fast zeitgleich konzipiert. Im Kern dieser Annahmen ist die Hypothese, dass bestimmte instinktive Reaktionen wie Zittern, oder das affektiv gesteuerte Weglaufen, im Angesicht einer potenziellen Bedrohung viszerale (den Körper betreffend(e) Erregungen hervorrufen. Diese Erregungen lösen dann im Gehirn, eine bestimmte Emotion hervor. die Erlebte Emotion ist mit dem subjektiven Erleben der Körperlichen Veränderung gleich zu setzen, dh. die Emotion ist der Stimulus, welcher auf den Körper einwirkt. Damit vertritt diese Theorie die Provokante These, dass körperliche Veränderungen die Ursache des emotionalen Erlebens und nicht etwa die Folge davon sind, und diesen somit zeitlich immer vorausgehen. Empirische Versuche der Falsifikation dieser Theorie ergaben Unstimmigkeiten, jedoch wird sie von der Theorie der Somatischen Marker ferner durch die Facial-Feedback-Hypothese gestützt[27].

Die Cannon-Bard-Theorie auch (Zentralneuronen-Theorie) genannt, geht auf Walter Cannon (1927) sowie seinem Schüler Philip Bard zurück, und kann als im Kontext der Kritik an die James-Lange-Theorie entstanden betrachtet werden. Diese stellt das erste Neuroanatomische Modell von emotionalen Reaktionen dar. Die Neurophysiologische Komponente in diesem Modell fokussiert vor allem zwei, für die Entstehung von Emotionen im menschlichen Gehirn wichtige Bereiche. Diese sind der Thalamus und der Hypothalamus[28]. Im Gegensatz zur James-Lange-Theorie postuliert die Cannon-Bard-Theorie, dass erst die emotionale Wahrnehmung, getriggert durch die Reizsituation und dann die körperliche Reaktion einsetzt. wobei diese gesteuert durch den Cortex idr. simultan ablaufen, dh. es werden zu verarbeitenden Signalen vom Thalamus sowohl zum Hypothalamus gesendet, welches die somatische Reaktion hervorruft. Wie auch das emotionale Erleben der Emotion, durch den Cortex[29]. Kognitive Bewertungskonzepte wurden von Cannon und Bard zwar angedacht, jedoch sah man diese als Blackbox an[30].

b) Kognitiv-physiologische Emotionstheorie

Die Zweifaktoren-Theorie von Schachter und Singerchen (1964) erklärt die Entstehung von Emotionen durch physiologische Phänomene, welche Kausal auf bestimmte

---

[27] Vgl. Brandstätter, Schüler, Puca, Lozo (2018), S. 206; Carus, Wendt (2018), S.837; Müsseler, Rieger (2018), S.344
[28] Vgl. Müsseler, Rieger (2018), S.338
[29] Vgl. Carus, Wendt (2018), S.837-838
[30] Vgl. Carus, Wendt (2018), S.839 zitiert nach Averill (1938)

Situationen zurückzuführen sind, was die Theorie als Bindeglied zwischen den Neurophysiologischen und Kognitiven Theorien erscheinen lasst. Denn nach dieser ist das Erleben von Emotionen an zwei unverzichtbare Anteile geknöpft, die Physiologische Erregung und die kognitive Bewertung. Faktisch meint das, dass man, um eine Emotion zu erleben das physisch somatische erleben sowie kognitive Bewerten gleichzeitig erlebt. Die beiden Vorgänge werden dabei nicht als voneinander getrennt erlebt, sondern als ein und derselbe, wobei die Bewegung auf die Erregung attribuiert wird (zum Beispiel „Mir fällt es leicht zu lächeln, weil mich nichts ärgert). Die bisherigen Theorien haben sich lediglich mit dem Prozess der Kognitiven physiologischen Erregung unseres Innenlebens beschäftigt, die Gruppe der (appraisal theories) Bewertungstheorien hingegen, beziehen sich auf die jeweils subjektiv anfallende Bewertung einer Erregung, geprägt durch unser äußeres Erleben[31].

c) (appraisal theories) kognitive Bewertungstheorien

Das wohl bekannteste kognitives Bewertungsmodell von Emotionen ist jenes von Lazarus (1966) Folkmann (1984) und Scherer (2001), diese sind transaktional da von einer Wechselwirkung des subjektiven Erlebens durch die gegebenen Umweltbedingungen, in Kombination mit den Zielen, Werten und Bedürfnissen des einzelnen ausgegangen wird[32]. Aus den Bewertungsprozessen heraus entstandenen Emotionen, lassen sich nach Lazarus in episodische (nebensächlich) und adaptive (sich anpassende) Reaktionen, von internen und externen Ereignissen interpretieren. Dabei kommt es nicht zu einem einzelnen Bewertungsprozess, sondern zu verschiedenen Stufen. Die Erste Ebene (primary appraisal), also die Erstbewertung filtert somit die Reizsituation bezogen auf den Subjektiven Selbstwert, deren Filterung in simpel ausgedrückt in schlecht oder gut für uns unterteilt. Auf dieser Ebene wird der Reiz kategorisiert und eine Zuordnung getroffen bsp. Gefährlich, bedrohlich, positiv oder irrelevant. Im Zweiten Bewertungsprozess (secondary appraisal) bewertet man dann die eigenen Fähigkeiten hinsichtlich der Problemlösungskompetenz, es geht also darum, ob man die Problemstellung mit den gegebenen Mitteln bewältigen kann, nachgewiesener Maßen, fallen negative Emotionen und Stressreaktionen geringer aus, wenn angemessene

---

[31] Vgl. Carus, Wendt (2018), S.841
[32] Vgl. Reif, Spieß (2018), S.48

Bewältigungsmöglichkeiten zur Verfügung stehen. Ferner entwickeln sich Situationen dynamisch, dh. alle Bewertungen befinden sich in einem (ständigen reappraisal) Prozess der Neubewertung, hierdurch können sich Emotionen auch nach einmal festgelegter Bewertung noch nachträglich verändern[33]. Das Lazarus Modell bezieht sich vor allem auf das Erleben von negativ Emotionen, welche im Falle des nicht Vorhandenseins von sog. Ressourcen in einem erleben von Distress resultieren. Ressourcen, welche man auch als (Coping) bezeichnet sind alle Faktoren, auf welche die Person im Falle einer bedrohlichen Situation zurückgreifen kann, um diese zu erleichtern. Die Person ist dabei jedoch nicht nur auf intraindividuelle Fähigkeiten angewiesen, sie kann sich dabei auch Hilfe aus der Physikalisch-materiellen und Sozialen Umwelt holen[34].

d) Arten des Coping

Unter Coping wird im Allgemeinen der Prozess verstanden den Stressenden Situationen in unserem Leben so zu begegnen, dass negative Konsequenzen vermieden werden.

Nun ist es fundamental zu verstehen, dass wenn ein System genug Ressourcen besitzt, man nicht gleich davon ausgeht das System setzt gegebene Ressourcen angebracht in Stresssituationen ein, so kann es dann auch vorkommen, dass Personen eigentlich alle notwendigen Ressourcen zur Abwendung einer Stressinduzierten Situation haben, die Ressourcen jedoch sehr ineffizient einsetzen. Das Coping unterscheidet deshalb zwischen zwei essenziellen Coping-Arten. Das problembezogene (instrumentelles) und das emotionsbezogene (palliatives) Coping.

Das problembezogene Coping, zeichnet sich daher durch einen schon fast präventiv anmutenden sehr bedachten, an der Lösung des Problems ausgerichteten Charakter aus. Hier werden konkrete Aktionen unternommen um die Stressituation schnellst möglich zu bewältigen. zu diesen gehören ua. Die Suche von Informationen, konkrete gegen Handlungen, jedoch auch das Unterlassen von nichtförderlichen Aktionen, also geht es um eine Art des Lösungsorientierten Bewusstseins, welches in der Praxis Anwendung findet, hierunter fallen   Kämpfen   (Zerstören,   Entfernen)   oder Verringerungstaktiken der Bedrohung, Flüchten, Sich-distanzieren, Verhandeln oder Kompromisse schließen, Folgen antizipieren und eigene Resistenz steigern. Anders

---

[33] Vgl. Bak. (2019), S.136; Brandstätter et al. (2018), S. 210
[34] Vgl. Friedemann W. Nerdinger, Gerhard Blickle & Niclas Schaper (2019), S.866

hingegen ist das emotionsbezogene Coping zu bewerten, bei diesem geht es nicht etwa darum die ursprünglichen Stressauslösenden Situationen mittels gezielten praxeologischen Handlungen zu revidieren, sondern eher um die Regulierung der Stressauslösenden Bedingung durch Bagatellisierung, Ablenkung oder die Einnahme diverser anderer Betäubung und Genussmittel. Hierunter fallen folgende Strategien: Entspannungstechniken, z. B. Meditation, autogenes Training, Drogeneinnahme, Alkohol, ablenkende Fantasien, Träumereien, unbewusste Abwehrmechanismen, soziale Unterstützung durch Freunde oder Einrichtungen.

Verständlich sollte es an dieser Stelle sein, dass durch emotionsbezogene Coping-Strategien lediglich kurzfristige Linderungen der Symptome und keine vollwertige Problemlösung zu erwarten sind[35].

Aufgabe 3 (40 Punkte, 5-6 Seiten)

Erläuterung des Begriffs der emotionalen Intelligenz (EI). Rolle der (EI) bei der Zusammenstellung von Teams und im Teambildungsprozess. Eine kritische Betrachtung.

a) Physiopathologische Betrachtung von Intelligenz und Emotion

ältere Regionen:

Lange bevor der Mensch in der Lage war, Intellektuelle Sachzusammenhänge zu verstehen, ferner diese zu planen, die Planung gezielt zu steuern und seine Handlungen anschließend zu reflektieren war es ihm möglich zu Empfinden. Empfinden in Form von Emotionen, welche in der Zeit vor dem Reflektierten denken wohl den Ablauf des Tages, sowie dessen Inhalt bestimmten. Heute weiß man, dass für das Empfinden von Emotionen überwiegend ein Bereich in unserem Gehirn verantwortlich ist, das Limbische System. Dieser Teil unseres Gehirnes ist sehr alt und war während der Evolution vor allem für das Intuitive Triebverhalten von Tieren verantwortlich, daher trägt es heute den Beinamen

---

[35] Vgl. Friedman et al. (2019), S.873; Julia A. M. Reif, Erika Spieß & Peter Stadler (2018), S.104; Carus, Wendt (2018), S.863

Reptilienhirn, evolutionsbiologisch wird dieses System mit dem Überleben gleichgesetzt[36].

Neure Regionen:

Auf den Alten Gehirnregionen aufbauend befinden sich die neueren Regionen der Neokortex, (Neo) neu (Kortex) Baumrinde/ Kork, eine Anspielung auf die Ruppige Erscheinungsform. Der Neokortex besteht im Wesentlichen aus dem Telenzephalon (End oder Kleinhirn) und ist maßgeblich für intellektuelle Leistungen wie ua. Dem Lesen oder Schreiben, dem sprechen also allem, was wir unter bewusstem Denken verstehen, verantwortlich[37].

Die Verbindung der beiden Regionen

Das Cingulum lat. Zu Deutsch (Gürtel) ist ein Schleifenförmiges unter dem Neokortex liegendes Areal des Endhirns, welches für die Verbindung zwischen den älteren und neuen Hirnregionen sorgt. An diesem Ort kommt es zu einer Vermittlung von Rationalem Nachdenken und den Gefühlen die Kombination dieser nennt man emotionale Intelligenz (EQ). Wenn die Balance gestört ist, dann können Gefühle nicht als Wegweiser in unserem Leben dienen, da man Gefahr läuft sich von ihnen kontrollieren zu lassen[38]

„Corpus Amygdaloideum" Der Mandelkern (LeDeoux)

Durch die Forschungen der Neurowissenschaft konnte der Neuronale Stolperdraht nachgewiesen werden, dabei handelt es sich um eine „Nebengasse" an Neuronen, welche durch Übung trainiert werden, kann, durch diesen ist es möglich eine sogenannte Affektblindung hervorzurufen. Dies bedeutet, dass Informationen über die Sinnesorgane decodiert und durch lange Verarbeitungswege bewertet werden, sondern in Extremsituationen eine Direktverarbeitung durch unsere primitiven emotionalen Erinnerungen und Lektionen stattfindet, um das Überleben zu gewährleisten[39].

---

[36] Vgl. Goleman (1997), S.28-29 Bosley, Kasten (2018), S. 34-35
[37] Vgl. Goleman (1997), S.28-29 Bosley, Kasten (2018), S. 34-35
[38] Vgl. Bosley, Kasten (2018), S. 34-35
[39] vgl. Goleman (1997), S. 32-35

c) Multiple Intelligenzen, jenseits kognitiver Bereiche

Die Idee Intelligenz müsse sich nicht zwingend aus einem General kognitiven Faktor bestehen, sondern könne sich in einem breit gefächerten Bereich äußern, vertreten viele bekannte Persönlichkeitsforscher zu diesen zählen ua. Hans Jürgen Eysenck (1916-1997), Robert Sternberg (*1949) mit seinem Modell der triarchischen Intelligenz. Howard E. Gardener ein Professor der Harvard University (1983,1993,1999) vertritt mit seiner Multiplen Intelligenz Theorie, dass Modell differenziert sich von seinen Vorgängern durch den Vorschlag, verschiedene non Kognitive Kompetenzen in die Engere Betrachtung für optionale Intelligenzen mit aufzunehmen. Zu diesen gehören Sprachlich-linguistisch, Logisch-mathematisch, Musikalisch-rhythmisch, Bildlich-räumlich, Körperlich-kinästhetisch, naturalistisch, interpersonell, Intrapersonell und die Existenziell-spirituelle Intelligenz.[40] Genkova erwähnt in diesem Zusammenhang, dass das Konzept der Emotionalen Intelligenz einen hohen Anhang an Gardeners Facette der internen und intrapersonellen Intelligenz findet.[41]

e) Was der IQ nicht über uns aussagt

In der Psychologie ist Intelligenz als ein Sammelbegriff zu betrachten, welcher umfassend für alle Bereiche der kognitiven Leistungsfähigkeit des Menschen steht, zu diesen gehören Klugheit, Denkfähigkeit und Urteilsvermögen. Der kognitiv-rationale Intelligenzquotient (IQ) hingegen, setzt diese Einzelfähigkeiten in einen kompetitiven Wettstreit mit unserem Umfeld. Diesen kann man als Maßeinheit nehmen, wie viel Zeit ein Mensch benötigt, um eine ihm gestellte Aufgabe zu lösen durch welche er vorher wahrscheinlich noch keine Erfahrung machen konnte. Zur Messung dieses Wertes werden heute fast ausschließlich nur mehrdimensionale Tests verwendet. Intelligent zu sein, galt sehr lange Zeit als Maß der Dinge, in neueren Studien konnten Salovey u. Mayer 1990 herausfinden, dass die Ergebnisse, welche in einem IQ-Test erzielt wurden, nicht unbedingt mit dem späteren Erfolg im Leben korrelierten, so trägt dieser nur ungefähr zu 20% dazu bei späterem Erfolg im Leben hervorzusagen. Zurückzuführen sei dies auf die

---

[40] vgl. Goleman (1997), S. 57-60; Raumann F. (2017), S.193
[41] vgl. Genkova P. (2018), S. 220 zitiert nach Mayer (2004); Maltby et al. (2011)

recht abstrakten und sehr alltagsfremden Aufgaben, welche in einem IQ-Test vorkommen[42].

d) Emotionale Intelligenz (EI) und EQ-Konzept von Salovey und Mayer

Durch die Subsumierung Gardeners Dimensionen von Personaler Intelligenz, gelang es Salovey das Konzept der emotionalen Intelligenz, vorerst in drei Dimensionen einzugliedern, sowie später dann mit Mayer (1990) auf Fünf zu erhöhen.

Die drei konzeptuell verwandten mentalen Prozesse sind [43]:

(1) appraisal and expression of emotion (Das Erkennen und der Ausdruck von Emotionen) hierunter versteht man die Grundlage der Emotionalen Intelligenz, welche heute als Selbstwahrnehmung bekannt ist. schon Aristoteles deutete auf diese mit den Worten erkenne dich selbst hin.

(2) Regulation of emotion (Die Regulation von Emotionen) später auch als Selbstregulation bezeichnet baut auf dem Prozess der Selbstwahrnehmung, und ist dafür zuständig negative hedonistische Zustände schnellst möglich abzuschütteln so Goleman.

(3) Utilization of emotion (Die adaptive Nutzung von Emotionen) diese in den Dienst eines Ziels zu stellen ist wesentlich für unsere Aufmerksamkeit, für selbst und Fremdmotivation, sowie Kreativität unsere emotionale Selbstbeherrschung.

e) Konzept von Goleman D. zur Gruppendynamischen und Personalen Theorie

Nach Goleman sind die Kompetenzen, welche man im Rahmen der emotionalen Intelligenz versteht, keinesfalls nur erblich bedingt. Diese können zum Teil erlernt und sogar Zeit des gesamten Lebens, mittels gezielter Trainings gesteigert werden[44]. Die Emotionale Intelligenz ist für Goleman gleichbedeutend, mit der Fähigkeit angemessene Private und Berufliche Entscheidungen zu treffen. Gerade in Bezugnahme zu letzteren,

---

[42] Vgl. Goleman D. (1997), S. 54-57; Bosley, Kasten (2018), S. 36-37
[43] Vgl. Goleman (1997), S. 65-67; Bosley, Kasten (2018), 2 Kapitel 6 Absatz
[44] Vgl. Bosley, Kasten (2018), 2 Kapitel 8 Absatz

verweist er neben der Fachliche Kompetenz auf die Wichtigkeit, der Korrektheit des professionellen Umgangs mit den Mitarbeitern, sowie der optimalen Ausschöpfung derer Potenziale, um nachhaltig Eigenschaften wie Teamfähigkeit, Konfliktlösung und Stressbewältigung zu fördern[45]. Darüber hinaus betrachtet er diese Als Metafähigkeit, von welcher es abhängt, wie gut wir unsere anderen intellektuellen Fähigkeiten einsetzen[46]. Die Wahrnehmung und der Ausdruck von Emotionen werden als die Fähigkeit beschrieben, Emotionen in uns selbst und anderen Menschen zu erkennen, sowie unsere Emotionen und Bedürfnisse im Zusammenhang zu diesen auszudrücken. Hierunter zählt auch die Fähigkeit, Emotionen in nonverbaler Kommunikation (z.B. Mimik, Gestik, Körperhaltung) zu erkennen. Das emotionale Denken, geschieht wenn Emotionen die Aufmerksamkeit auf wichtige Informationen richten. Auf diese Weise fördern verschiedene emotionale Zustände unterschiedliche Ansätze zur Problemlösung. Das Verstehen und Analysieren von Emotionen versteht man als Fähigkeit, Emotionen zu benennen und zu deuten, hierzu gehört auch die Fähigkeit, komplexe Gefühle wie Liebe oder Hass, zu verstehen und Übergänge zwischen sich unterscheidenden Emotionen z.B. von Wut zur Hilflosigkeit zu erkennen. Die Verwaltung und Regulierung von Emotionen, ist der Bereich, welcher sich auf die Fähigkeit bezieht, offen für angenehme und unangenehme Gefühle zu bleiben. Ferner wird hier kategorisiert, ob sie angemessen sind oder nicht, und diese dann mittels Moderation von negativen Emotionen hin zu positiven Emotionen zu regulieren[47]. Das Emotionale Intelligenz ein fundamentaler Baustein für eine erfolgreiche Gruppendynamik, Teamarbeit und deren Management darstellt, konnte in einigen Studien empirisch festgestellt werden. Somit bestehen viele Zusammenhänge, zwischen der Emotionalen Intelligenz einer Führungsperson, sowie einer erfolgreichen und effizienten Arbeit des Teams, ferner zeigen die Studien auf, dass Menschen dazu tendieren sich von Emotionen anstecken zu lassen. Dabei gilt dies sowohl für negative wie auch für positive Emotionen[48].

---

[45] Vgl. Bosley, Kasten (2018), 2 Kapitel 7 Absatz
[46] Vgl. Goleman (1997), S. 56
[47] Vgl. Goleman (1997), S. 65; Bosley, Kasten (2018), 2 Kapitel 6 Absatz
[48] Vgl. Goleman (2005), S.37-39

f) Emotionale Führung und empathische Resonanz

Emotionale Führung oder auch Führung mit emotionaler Intelligenz genannt, meint die Führung durch die Schaffung von Visionen in Mitarbeitergesprächen und dem Wir-Gefühl. Franken erwähnt, die Erzeugung von emotionaler Resonanz, könnte unter Umständen die Arbeitsleistung so wie die Motivation steigern[49]. Die Grenze vom bewussten Erkennen einer Emotion und das Nachfühlen der Empfindung, sind unwiderlegbar miteinander verbunden. Werden jedoch durch einen Sperrmechanismus voneinander getrennt, wird dieser geöffnet, dann werden die Emotionen des anderen bei einem selbst zugelassen[50]. Empathische Resonanz bezeichnet Franz M. als Grundlage sich auf eine Dauerhafte konstruktive Abhängigkeitsbeziehung in der Arbeit oder Privatleben einzulassen, zu welcher letztlich auch die Teilnahme an einem Team zählt. Empathische Resonanz, entsteht wiederum durch eine Ausgeprägte Mentalisierungsfähigkeit, welche für das Erkennen von Emotionen bei anderen verantwortlich ist, sofern sich diese auch über den wechselseitigen Austausch von Bedürfnissen fähig sind und bereit erklären. Neben der Arbeitsleistung und Motivation kann die Metallisierung auch Einblicke auf destruktive Absichten eines Individuums gewähren[51].

g) Kritische Stellungnahme zu nicht-kognitiven und emotionalen Intelligenzen

Die Kritik in Bezugnahme auf emotionale bzw. generell nicht kognitiven-Intelligenzen ist mehr als zweideutig, einerseits liefern diese dringend benötigten Erklärungen und Ansätze, wo die Theorien der Kognitive Intelligenzen ihre Grenzen haben. Jedoch sind diese im Regelfall empirisch nur sehr bedingt falsifiziert, ferner gelingt es nicht diese psychometrisch gut abzusichern, was dann oft zur Folge hat, dass man nicht recht weiß, was man denn jetzt genau misst und wenn man weiß, was man misst, stellt es immer noch ein Problem dar, das gemessene in einen Kontext zu setzen. Der größte Kritikpunkt stellt jedoch die Abgrenzung zwischen dem Bereich der Intelligenz und dem Bereich der Persönlichkeitsmerkmale bzw. Fähigkeiten dar, all dies sorgt dafür, dass es bis heute

---

[49] Vgl. Franken (2019), 10.2 Kapitel
[50] Vgl. Friesenhahn zitiert nach Zaboura (2009), S 66-67
[51] Vgl. Franken (2019), 2 Kapitel 5 Absatz

keinen einheitlichen Umgang mit ihnen gibt und es diesem Forschungsfeld daher an genereller Anerkennung fehlt[52]. Zudem sind alle Konzepte ineinander verwoben, was eine recht hohe Komplexität zur Folge hat. Darüber hinaus versucht Goleman emotionale Intelligenz als moralischen Leitfaden für ein gutes und erfülltes Leben darzustellen, was natürlich die wissenschaftliche Akzeptanz schmälert und Forschenden eher das Gefühl eines Esoterischen Werkes hervorruft, gleiches gilt für sein Konzept der Sozialen Kompetenz. Ein anderer zu benennender Kritikpunkt wäre, dass das Konzept eigentlich alle Fähigkeiten und Persönlichkeitsmerkmale in einen Topf wirft und dann jeder im Nachhinein die Zutaten für diesen Topf selbst bestimmen kann, und anschließend behauptet, seine Emotionale Intelligenz sei die richtige. Und dennoch trotz aller negativ Kritik, bleibt das Konzept der Emotionalen Intelligenz, jenes welches mit der höchsten Wahrscheinlichkeit den Erfolg im späteren Berufsleben vorhersagen kann, solange es nicht um eine rein Akademische Laufbahn handelt. Und was funktioniert und zudem gut beworben wird, findet in der Wirtschaft natürlich schnell Anwendung[53]. Als letztes noch ein Wort zur Erfassung dieser. In Deutschland gibt es lediglich zwei Tests mit welcher man die emotionale Intelligenz rationalisieren kann, der Mayer-Salovey-Caruso Test zur Emotionalen Intelligenz (MSCEIT) und der Emotional Intelligence Inventar (EI4) von Satow. Bei beiden Tests kann man nicht ermitteln, welcher jetzt besser dafür geeignet ist, das Konzept emotionale Intelligenz zu erfassen, jedoch kann man die Anwendung der Testverfahren in einen verschiedenen Kontext setzen. Der (MSCEIT) ist für den Personalbereich großer Unternehmen geeignet, wobei der E14 vor allem im online Recruitment, Coaching, bei der Berufseignung und der Personalauswahl seine Anwendung findet[54].

---

[52] Vgl. Rauthmann (2017), Kapitel 7 Absatz 2.1
[53] Vgl. Bosley, Kasten (2018), 4.7 Kapitel 1-5Absatz
[54] Vgl. Bosley, Kasten (2018), 5 Kapitel 1-4Absatz

Literaturverzeichnis

Assen, C. (2016), Crash-Kurs Psychologie Auflage 1. (Hrsg.) Springer Verlag, Heidelberg. ISBN 978-3-662-43358-4e-ISBN 978-3-662-43359-1 DOI 10.1007/978-3-662-43359-1

Averill, J. R. (1983), Studies on anger and aggression: Implications for theories of emotion. American Psychologist, 38, 1145–1160.

Becker-Carus, C. (2017), Wendt, M. Allgemeine Psychologie 2 Auflage. (Hrsg.) Springer Verlag, Heidelberg. ISBN 978-3-662-53005-4 DOI 10.1007/978-3-662-53006-1

Bleuler, (2017), Dementia praecox oder Gruppe der Schizophrenien Mit einem Vorwort von Bernhard Küchenhoff Unveränderte Neuauflage der Ausgabe von 1911 (Franz Deuticke) (Hrsg.) Majuskel Medienproduktion GmbH, Wetzlar ISBN 978-3-89806-616-7

Bockwyt, E. (2018), Persönlichkeits Störungen und -akzentuierungen
in frühen Phasen von Psychosen- Relevanz für die Früherkennung (Hrsg.) Springer Verlag, Köln. ISBN 978-3-658-19848-0 https://doi.org/10.1007/978-3-658-19849-7

Bosley, I. Kasten, E. (2018), Emotionale Intelligenz- Ein Ratgeber mit Übungsaufgaben für Kinder, Jugendliche und Erwachsene (Hrsg.) Springer Verlag, Berlin.
ISBN 978-3-662-54814-1 https://doi.org/10.1007/978-3-662-54815-8

Corrigan, P.W. Powell, K.J. Rüsch, N. (2012), How does stigma affect work in people with serious mental illnesses? https://www.ncbi.nlm.nih.gov/pubmed/23116379

Deutsche Institut für Medizinische Dokumentation und Information
ICD-10-GM Version (2008), Zugriff am 5.2.2020
https://www.dimdi.de/static/de/klassifikationen/icd/icd-10-gm/kode-suche/htmlgm2008/index.htm?gf20.htm+

Franken, S. (2019), Verhaltensorientierte Führung: Handeln, Lernen und Diversity in Unternehmen 4.Aufl.2019 Springer Verlag, Wiesbaden.
ISBN 978-3-658-25269-4 https://doi.org/10.1007/978-3-658-25270-0

Friesenhahn, J. (2017), Kommunikation als Basis wirkungsvollen Führungskräfte-Coachings, Von der Dyade zur Triade im Setting mit Pferden (Hrsg.) Springer Verlag, Wiesbaden. ISBN 978-3-658-16272-6

DOI 10.1007/978-3-658-16273-3

Gaebel, W. Wölwer, W. (2010), Schizophrenie eine Studie des Robert Koch Instituts im Auftrag der Gesundheitsberichterstattung des Bundes.
https://www.rki.de/DE/Content/Gesundheitsmonitoring/Gesundheitsberichterstattung/G BEDownloadsT/Schizophrenie.pdf?__blob=publicationFile

Genkova, P. (2019), Interkulturelle Wirtschaftspsychologie (Hrsg.) Springer Verlag, Osnabrück. ISBN 978-3-662-58446-0 https://doi.org/10.1007/978-3-662-58447-7

Goleman D. (1997), Emotionale Intelligenz (Hrsg.) Deutscher Taschenbuch Verlag GmbH & Co.KG, München. ISBN 3-446-18526-7.

Goleman D. Emotionale Führung (2005), (Hrsg.) Ullstein Buchverlage GmbH, Berlin. ISBN-9783548364667 https://doi.org/10.1007/978-3-8349-9251-2_18

Graf von Schulenburg JM. Über A. Höffler, J.: et al. (1998) Untersuchungen zu den direkten und indirekten Kosten der Schizophrenie: Gesundheitsökonomisches Qualitätsmanagement 3: 81 bis 87

Grözinger, M. Röschke, J. (2018), Häufige Psychiatrische Syndrome und Erkrankungen in der Neurologie (Hrsg.) Springer Verlag, Berlin, Heidelberg.
ISBN 978-3-662-44768-0 DOIhttps://doi.org/10.1007/978-3-662-44768-0_180-1

Hoffmann J. (2018), Können Schizophrenie-Patienten normal arbeiten gehen?
https://www.navigator-medizin.de/schizophrenie/die-wichtigsten-fragen-und-antworten-zur-schizophrenie/alltag-mit-schizophrenie/414-koennen-schizophrenie-patienten-normal-arbeiten-gehen.html zugriff am 18.2.2020

Kraepelin, E. (1896), Psychiatrie-Ein Lehrbuch für Studierende und Ärzte (5. Aufl.).
(Hrsg.) Leipzig, A. Barth.

http://www.thhoffmann.eu/archiv/kraepelin/kraepelin.1896.pdf

https://www.diakonie-rwl.de/themen/psychiatrie/behindertenwerkstaetten (2017),
Zugriff am 18.2.2020.

Nerdinger, F. W. Blickle, G. Schaper, N. (2019), Arbeits-und Organisationspsychologie
4. Aufl. (Hrsg.) Springer Verlag, Berlin. ISBN 978-3-662-56665-7
https://doi.org/10.1007/978-3-662-56666-4

Prölß, A. Schnell, T. Koch, L. J. (2019), Psychische Störungsbilder (Hrsg.) Springer
Verlag, Hamburg. ISBN 978-3-662-58287-9 https://doi.org/10.1007/978-3-662-58288-6

Rauthmann, John F. (2017), Persönlichkeitspsychologie-Paradigmen, Strömungen,
Theorien (Hrsg.) Springer Verlag, Berlin. ISBN 978-3-662-53003-
0"https://doi.org/10.1007/978-3-662-53004-7

Reif, M. Spieß, E. Stadler, P. (2018), Effektiver Umgang mit Stress Gesundheits-
management im Beruf (Hrsg.) Springer Verlag, Berlin. ISBN 978-3-662-556801
https://doi.org/10.1007/978-3-662-55681-8

spektrum.de/lexikon/neurowissenschaft/dopaminerge-systeme/2963 Zugriff am
15.2.2020

Steadman, K. (2015), Arbeiten mit Schizophrenie Erwerbstätigkeit: Wiedereinstieg und
Eingliederung in Deutschland.
https://parisax.de/fileadmin/user_upload/archiv/Fachinformationen/Eingliederungshilfe/
2015-06-24_FI_Sozialpsychiatrie/ES__Schizophrenia_Germany_De.pdf

Zaboura, N. (2009), Das empathische Gehirn, Spiegelneurone als Grundlage
menschlicher Kommunikation (Hrsg.) Springer Verlag, Heidelberg. ISBN 978-3-531-
91383-4 DOI: 10.1007/978-3-531-91383-4

BEI GRIN MACHT SICH IHR WISSEN BEZAHLT

- Wir veröffentlichen Ihre Hausarbeit,
  Bachelor- und Masterarbeit

- Ihr eigenes eBook und Buch -
  weltweit in allen wichtigen Shops

- Verdienen Sie an jedem Verkauf

Jetzt bei www.GRIN.com hochladen
und kostenlos publizieren